Remodeler l'Elysée : le pari de Macron pour une Nouvelle-France

Démission, remaniement et course à 2027 : dans le monde turbulent d'Élisabeth Borne et la quête de l'avenir de la France

Nicolas Girard

Table des matières

Introduction

Préparer le terrain : le paysage politique de Macron

L'arrivée au pouvoir d'Emmanuel Macron a marqué un tournant dans la politique française. Né le 21 décembre 1977 à Amiens, Macron était un candidat anticonformiste, relativement jeune et sans formation politique. Son parcours a débuté dans le monde de la finance, en tant que banquier d'affaires avant de rejoindre le ministère français de l'Économie, de l'Industrie et du Numérique. En 2014, il devient ministre de l'Économie, de l'Industrie et du Numérique sous la présidence de François Hollande.

La trajectoire politique de Macron a pris un tournant décisif en 2017 lorsqu'il a fondé le mouvement politique En Marche ! (On the Move !) et annonce sa candidature à la présidence française. Son approche centriste visait à combler le fossé traditionnel gauche-droite, en présentant une vision d'une politique inclusive et progressiste. Sa victoire à l'élection présidentielle de 2017, à 39 ans, fait de lui le plus jeune président de l'histoire de France.

Lorsque Macron a pris ses fonctions, sa présidence s'est heurtée à la fois à du soutien et à du scepticisme. Ses réformes économiques ambitieuses, souvent appelées « macronomies », visaient à libéraliser l'économie française, à réduire les dépenses publiques et à favoriser la croissance des entreprises. Cependant, ces politiques ont déclenché des protestations, notamment le mouvement des « Gilets jaunes », reflétant le mécontentement du public face aux disparités économiques et à un élitisme perçu.

La notoriété d'Élisabeth Borne

Dans le paysage politique de Macron, Élisabeth Borne s'est imposée comme une figure marquante. Né le 18 avril 1961 à Paris, Borne a un parcours différent de celui de Macron, ancré dans la fonction publique et l'administration. Son parcours dans la fonction publique l'a amenée à devenir chef de cabinet de plusieurs ministres. Elle a notamment occupé des postes liés aux transports et au développement durable, démontrant son engagement envers les préoccupations environnementales et infrastructurelles.

En 2015, Borne assume un rôle important en tant que PDG de la RATP (Régie Autonome des Transports Parisiens), la société de transports publics d'Île-de-France. Son expérience dans la gestion d'une fonction publique essentielle a jeté les bases de ses nominations politiques ultérieures. Par la suite, en 2017, elle accède au poste de directrice générale du ministère français des Transports.

L'importance de Borne s'est encore accrue lorsqu'elle a été nommée ministre des Transports en mai 2017. À ce titre, elle a été confrontée aux défis liés à la modernisation et à l'efficacité des systèmes de transport français. Son mandat a été marqué par des efforts visant à résoudre des problèmes tels que la mobilité durable et le développement des infrastructures.

La trajectoire d'Élisabeth Borne atteint un nouveau sommet en juillet 2019 lorsqu'elle assume le rôle de ministre du Travail, de l'Emploi et de l'Intégration. Cela a marqué une évolution vers un portefeuille ayant des implications socio-économiques plus larges. Les responsabilités de Borne se sont étendues aux réformes du marché du travail, aux politiques de l'emploi et à la promotion de l'intégration sociale.

Nommée en mai 2022 Premier ministre de la France, Élisabeth Borne est devenue la deuxième femme de l'histoire de France à occuper ce poste. Son élévation à la plus haute fonction politique a marqué la reconnaissance de ses compétences administratives et de son engagement envers le service public. En tant que Premier ministre, Borne a dû faire face à la complexité de naviguer en France à travers les défis politiques, les réformes économiques et les attentes sociétales.

Même si le parcours politique de Borne était distinct de celui de Macron, leur collaboration a façonné des décisions politiques cruciales pour la nation. La dynamique de leurs relations de travail et les défis auxquels ils ont été confrontés ensemble ont ouvert la voie aux événements qui ont conduit à la démission de Borne et à la refonte ultérieure de l'Elysée.

Chapitre 1: La démission

Une annonce surprise

Dans le monde politique, les surprises peuvent être comme des rebondissements soudains dans une histoire. Le lundi 8 janvier 2024, la nouvelle tombait : Élisabeth Borne, la Première ministre française, avait démissionné. C'était inattendu, en prenant beaucoup par surprise, comme un rebondissement dans l'intrigue d'un film que l'on n'avait pas vu venir.

La présidence française a publié un communiqué annonçant la démission. Imaginez l'onde de choc dans les couloirs politiques et le buzz qu'elle a créé parmi les citoyens. Mme Élisabeth Borne, aux commandes depuis mai 2022, avait décidé de se retirer. Pourquoi? Cette question restait en suspens, créant un sentiment d'incertitude et d'anticipation.

La démission de Borne intervient à un moment où le président Emmanuel Macron se prépare à un important remaniement ministériel. Le timing a ajouté une couche supplémentaire d'intrigue. Était-ce une décision stratégique ou cela signifiait-il des défis plus profonds au sein du gouvernement ?

Dans les jours qui ont suivi, les médias se sont empressés de donner un aperçu des raisons de cette décision surprise. Les spéculations ont tourbillonné, des théories ont été élaborées et le paysage politique s'est préparé au changement.

L'héritage d'Élisabeth Borne

Une fois la poussière retombée, l'attention s'est tournée vers l'héritage d'Élisabeth Borne. Qu'a-t-elle accompli pendant son mandat de Premier ministre ? Borne, qui a débuté sa carrière dans la fonction publique et a gravi les échelons, a laissé une marque indélébile sur la politique française.

Un aspect de son héritage était son dévouement au service public. Depuis ses premiers rôles dans les transports jusqu'à devenir PDG de la RATP, Borne a montré son engagement en faveur du bon fonctionnement des services publics essentiels. Ce dévouement s'est poursuivi lorsqu'elle a assumé le rôle de ministre des

Transports, où elle a géré les complexités des systèmes de transport français.

Son parcours a pris une tournure encore plus significative lorsqu'elle est devenue ministre du Travail, de l'Emploi et de l'Intégration en 2019. Ici, Borne a été aux prises avec des problèmes affectant la main-d'œuvre, les politiques de l'emploi et l'intégration sociale. Son héritage s'est étendu à l'élaboration de politiques visant à relever les défis socio-économiques auxquels la nation est confrontée.

En tant que première femme à occuper le poste de Premier ministre depuis Simone Veil dans les années 1970, Borne a également laissé tomber les barrières entre les sexes. Sa nomination a marqué une avancée dans la promotion de la mixité aux plus hauts niveaux de la politique française. Ceci, en soi, constitue une contribution significative au débat en cours sur les femmes occupant des postes de direction.

Cependant, comme toute personnalité politique, Borne a dû faire face à son lot de défis. Les réformes controversées menées pendant son mandat, notamment celles liées aux retraites et à l'immigration, ont suscité des réactions et des protestations dans l'opinion publique. En traversant ces temps tumultueux, l'héritage de Borne est devenu étroitement lié aux résultats de ces décisions politiques.

Reconnaissance du président Macron

Au lendemain de la démission de Borne, le président Emmanuel Macron s'est adressé aux réseaux sociaux, exprimant sa gratitude et reconnaissant son service rendu à la nation. Imaginez le monde numérique bouillonnant de réactions lorsque les gens lisent le message de Macron sur X, l'ancienne plateforme connue sous le nom de Twitter.

La reconnaissance par Macron du travail « exemplaire » de Borne a souligné la reconnaissance de ses efforts au service de la nation. Cette appréciation du public a ajouté une couche de respect à la transition politique. Cela faisait allusion à une reconnaissance collaborative des défis rencontrés et du dévouement manifesté.

Pour Macron, le départ de Borne signifiait plus qu'un simple changement de direction. Cela a souligné la nécessité d'une introspection et d'une adaptation à l'évolution du paysage politique. Les paroles du président ont eu du poids et ont donné le ton au prochain chapitre de la politique française.

Alors que Borne se préparait à assumer un rôle intérimaire jusqu'à ce qu'un nouveau gouvernement soit nommé, la reconnaissance de Macron a résonné en arrière-plan, soulignant l'importance de la continuité et de la stabilité pendant les transitions. Le décor politique était prêt

pour le dévoilement d'un nouveau chapitre
du récit politique de la France.

Chapitre 2: Spéculation et anticipation

La promesse de décembre : une nouvelle initiative politique

Alors que la nouvelle de la démission d'Élisabeth Borne s'installe, le paysage politique regorge de spéculations et d'anticipations. Un élément clé qui a alimenté le feu de la spéculation a été la promesse du président Emmanuel Macron d'une nouvelle initiative politique en décembre. Cette annonce, faite avant la démission de Borne, a servi de précurseur aux événements qui se sont déroulés, laissant beaucoup de personnes s'interroger sur la nature et l'impact de cette initiative à venir.

Imaginez la scène : décembre, mois habituellement associé à la joie des fêtes, a pris une teinte différente dans la politique française. Macron, conscient des défis auxquels sa présidence est confrontée, a fait allusion à une nouvelle direction. Que nécessiterait cette initiative ? S'agirait-il d'un changement de politique, d'une décision stratégique ou d'une tentative de renouer avec le public ? Ces questions persistaient, créant un air d'anticipation qui ouvrait la voie au drame politique à venir.

La promesse de quelque chose de nouveau a injecté un sentiment de curiosité dans le discours public. Citoyens, journalistes et analystes politiques étaient impatients de décrypter les intentions du président. Les spéculations ont fleuri à mesure que diverses théories circulaient, chacune tentant de décoder l'énigme du prochain pari politique de Macron.

Réaction publique et politique

En prévision de l'initiative politique promise par Macron, l'opinion publique et les cercles politiques étaient en état d'alerte. Les citoyens, habitués aux flux et reflux des développements politiques, se sont mis à l'écoute du récit qui se déroulait. Les plateformes de médias sociaux regorgent de discussions, d'opinions et de réactions diverses.

La population française, après avoir résisté à la tempête des manifestations des « Gilets jaunes » et à d'autres bouleversements sociopolitiques, a abordé cette nouvelle évolution avec un mélange d'espoir et de scepticisme. Certains y ont vu une opportunité de changement positif, une chance pour le gouvernement de s'attaquer aux problèmes urgents et de renouer avec la population. D'autres l'ont abordé avec prudence, ayant été témoins des défis et des controverses qui ont marqué la présidence de Macron.

Des hommes politiques et des experts politiques se sont également joints à la conversation. La promesse d'une nouvelle initiative a alimenté les débats dans les talk-shows, dans les journaux et sur les plateformes numériques. Au fur et à mesure que différentes voix ont contribué au discours, un large éventail d'attentes a émergé. Certains espéraient des réformes économiques, d'autres des politiques sociales, et beaucoup étaient favorables à des mesures répondant aux préoccupations des citoyens ordinaires.

Au milieu de cette anticipation, la démission inattendue de la Première ministre Élisabeth Borne a ajouté une couche de complexité. Les spéculations se sont désormais élargies pour inclure des théories sur l'impact du remaniement ministériel imminent. Qui sera le prochain Premier ministre ? Dans quelle mesure ce choix s'alignerait-il sur l'initiative promise par Macron ? L'échiquier politique était en mouvement et chaque mouvement était examiné de près.

L'année 2023 : un récapitulatif des crises

Pour comprendre le contexte de cette anticipation, un retour sur les événements de l'année précédente, 2023, s'avère crucial. Le paysage politique français a été marqué par des crises, chacune laissant sa marque sur la nation.

L'année a commencé par des débats et des protestations contre des réformes très contestées, notamment celles liées au système de retraite et aux lois sur l'immigration. Ces réformes, destinées à résoudre des problèmes de longue date, ont suscité un mécontentement généralisé dans l'opinion publique. Les citoyens sont descendus dans la rue pour exprimer leurs inquiétudes et, parfois, leur frustration face aux changements proposés.

Le mouvement des « Gilets jaunes », né en réponse aux disparités économiques et à un élitisme perçu, avait déjà laissé une marque indélébile sur la présidence de Macron. Les efforts du gouvernement pour apaiser les troubles et trouver un terrain d'entente avec les manifestants se poursuivent, créant un contexte de tension sociale.

Au fil de l'année, les défis se sont poursuivis. L'administration Macron a eu du mal à naviguer dans un Parlement plus turbulent. Ayant perdu sa majorité absolue peu après la réélection de Macron en 2022, le gouvernement a été confronté à des difficultés croissantes pour adopter des lois. L'influence et l'attraction des forces politiques sont devenues une caractéristique déterminante du paysage législatif.

L'effet cumulé de ces crises a ouvert la voie à l'initiative politique promise. Macron, conscient de la nécessité de retrouver un élan et de répondre aux préoccupations d'une nation divisée, s'est engagé à dévoiler une nouvelle direction. Les événements de 2023 ont mis à l'épreuve la résilience de sa présidence, et la promesse de changement en décembre a porté le poids des attentes de l'opinion publique.

Dans le contexte des défis rencontrés en 2023, l'anticipation de l'initiative de Macron est devenue une lueur d'espoir pour les uns et une source de scepticisme pour les autres. L'année a été marquée par des développements politiques en dents de scie, et la promesse d'une nouvelle direction politique a alimenté l'imagination collective d'une nation aspirant à la stabilité et au progrès. Le décor était planté pour le dévoilement du pari de Macron pour une France nouvelle.

Chapitre 3: Le compte à rebours avant les élections au Parlement européen

Il reste cinq mois : les eurosceptiques en hausse

Alors que le paysage politique français se prépare aux prochaines élections au Parlement européen, le compte à rebours a commencé. Cinq mois se sont écoulés entre la démission du Premier ministre Élisabeth Borne et le moment électoral crucial. Cette période a été marquée par un sentiment croissant d'anticipation et par la reconnaissance du fait que les élections joueraient un rôle central dans l'élaboration de la trajectoire future de la nation.

Un aspect important qui jette une ombre sur ce compte à rebours est la montée de l'euroscepticisme. Les eurosceptiques, ceux qui expriment leur scepticisme ou leurs critiques à l'égard de l'Union européenne, ont pris de l'importance sur la scène politique française. Ce phénomène n'est pas isolé de la France mais reflète une tendance plus large dans plusieurs pays européens.

Imaginez un échiquier sur lequel les acteurs politiques se positionneraient stratégiquement, chaque mouvement reflétant les sentiments d'une nation aux prises avec ses relations avec l'Union européenne. Les eurosceptiques ont remis en question l'efficacité et les avantages de l'adhésion à l'UE, exploitant les préoccupations concernant la souveraineté, les politiques économiques et l'influence perçue de Bruxelles sur les prises de décision nationales.

La montée de l'euroscepticisme a ajouté une couche supplémentaire de complexité au paysage politique. Alors que le compte à rebours se poursuivait, les citoyens et les observateurs politiques s'interrogeaient sur l'impact potentiel de ce sentiment sur les élections au Parlement européen. Les partis eurosceptiques gagneraient-ils du terrain ? Comment leur influence pourrait-elle façonner la position de la France au sein de l'UE?

Mécontentement du public : coût de la vie et défis migratoires

Le compte à rebours avant les élections au Parlement européen s'est accompagné d'un mécontentement public. Deux questions clés ont fortement résonné dans l'esprit des citoyens français : le coût de la vie et les défis migratoires.

Le coût de la vie, c'est-à-dire les dépenses quotidiennes qui affectent les ménages, était une source de préoccupation pour beaucoup. La hausse des prix des biens et des services, associée aux incertitudes économiques, a créé un sentiment palpable de tensions financières. Alors que les familles affrontaient les complexités de la budgétisation et de la stabilité financière, ces préoccupations sont devenues un point central du discours politique.

Imaginez une famille assise autour de la table du dîner, discutant des défis liés à la nécessité de joindre les deux bouts. La hausse du coût des produits de première nécessité, de l'épicerie aux services publics, n'était pas seulement une préoccupation statistique mais une expérience vécue par les citoyens. Ces tensions économiques ont eu des implications directes sur leur bien-être et sont devenues un facteur crucial façonnant leur perception de l'efficacité du gouvernement.

Les défis migratoires ont ajouté une autre couche au mécontentement du public. La France, comme de nombreux pays européens, est aux prises avec la complexité des politiques d'immigration. L'afflux de migrants, associé au discours plus large sur le multiculturalisme et l'identité nationale, a alimenté des débats qui ont trouvé un écho dans toute la société.

Les défis migratoires ne concernaient pas seulement le contrôle des frontières, mais touchaient également aux questions d'intégration, de diversité culturelle et de tissu social de la nation. Les citoyens, ayant des points de vue variés sur l'immigration, ont trouvé leur voix dans ce dialogue continu. Alors que le compte à rebours avant les élections se poursuivait, les partis politiques s'efforçaient de trouver des approches nuancées pour répondre à ces préoccupations tout en défendant les valeurs d'inclusion et de droits de l'homme.

Ces deux défis – le coût de la vie et la migration – ont été des ingrédients puissants dans la recette du mécontentement public. Les prochaines élections, organisées dans ce contexte, étaient sur le point de devenir un référendum sur la capacité du gouvernement à gérer ces questions complexes et à répondre aux véritables inquiétudes de ses citoyens.

Alors que le compte à rebours avançait, les citoyens se demandaient comment le paysage politique allait évoluer, quelles politiques seraient proposées pour répondre à leurs préoccupations et si les élections au Parlement européen serviraient de plate-forme de changement. La scène politique était prête pour un moment crucial du parcours démocratique de la France, où les voix du peuple résonneraient dans les couloirs de la gouvernance européenne.

Chapitre 4: Successeurs potentiels

Gabriel Attal: Le jeune concurrent

Au lendemain de la démission d'Élisabeth Borne, les projecteurs se sont tournés vers de potentiels successeurs, et un nom s'est imposé comme un jeune prétendant : Gabriel Attal. À seulement 34 ans, Attal est devenu une figure éminente dans le débat sur le futur Premier ministre, devenant ainsi potentiellement le plus jeune à occuper ce poste en France.

Un nouveau visage de la politique française, quelqu'un qui a grandi au 21e siècle, naviguant dans les complexités des défis modernes. Né le 16 mars 1989, Attal représente une génération qui comble le fossé entre tradition et innovation. Son parcours politique a commencé très tôt, reflétant un engagement envers le service public et un désir de contribuer à façonner l'avenir de la nation.

La trajectoire politique d'Attal s'est accélérée lorsqu'il a rejoint En Marche ! mouvement. Cela a marqué le début de son association avec les idéaux centristes qui cherchaient à transcender les frontières politiques traditionnelles. En tant que jeune homme politique, l'énergie et le dévouement d'Attal se sont démarqués, attirant l'attention des dirigeants des partis.

Son rôle de porte-parole du gouvernement a mis en valeur ses compétences en communication et sa capacité à naviguer dans les subtilités du discours public. Le style articulé et pertinent d'Attal a trouvé un écho auprès d'une population plus jeune, offrant une nouvelle perspective aux conversations politiques. Dans le paysage politique français en constante évolution, la jeunesse d'Attal est devenue à la fois une force et un symbole d'un changement potentiel vers un style de gouvernance plus dynamique et inclusif.

Alors que le compte à rebours avant l'annonce du nouveau Premier ministre se poursuivait, la perspective de voir Gabriel Attal prendre la barre suscitait curiosité et enthousiasme. Son énergie juvénile apporterait-elle un nouveau dynamisme au leadership français ? Comment ses perspectives pourraient-elles façonner les politiques, notamment en répondant aux préoccupations de la jeune génération?

Sebastien Lecornu: Le ministre de la Défense sous les projecteurs

Un autre nom qui revient en bonne place dans les discussions sur les successeurs potentiels est celui de Sébastien Lecornu. A 37 ans, Lecornu s'était déjà imposé comme une figure incontournable de la politique française, en tant que ministre des Armées et auparavant ministre de la Cohésion des territoires.

Le parcours politique de Lecornu reflète une expérience dans la gouvernance régionale avant de rejoindre la scène nationale. Né le 11 juin 1986 à Eaubonne, en France, ses premières incursions en politique incluent des rôles au sein du gouvernement local de la région Normandie. Cette expérience a façonné sa compréhension des relations complexes entre la gouvernance centrale et régionale, offrant une perspective nuancée sur les défis auxquels sont confrontées les différentes communautés.

En tant que ministre de la Cohésion territoriale, Lecornu s'est attaqué aux questions liées au développement régional, à l'urbanisme et à l'harmonie globale des différents territoires. Son approche pragmatique et son accent mis sur une gouvernance cohésive ont fait de lui une figure respectée dans les cercles politiques.

La transition de Lecornu vers le rôle de ministre de la Défense a ajouté une couche de complexité à son profil. Le portefeuille de la défense avait un poids considérable, impliquant des décisions liées à la sécurité nationale, à la stratégie militaire et aux relations internationales. Son mandat à ce poste a donné un aperçu de sa capacité à gérer des questions sensibles et cruciales ayant un impact sur la sécurité et la souveraineté de la nation.

Suite à la démission de Borne, Lecornu s'est retrouvé sur le devant de la scène en tant que successeur potentiel. Des questions ont été soulevées quant à la manière dont son expérience en matière de gouvernance régionale et de défense pourrait façonner la trajectoire du leadership français. Lecornu apporterait-il un mélange de vision stratégique et de sensibilité régionale au cabinet du Premier ministre ? Comment son style de leadership pourrait-il trouver un écho dans une nation confrontée à des défis complexes sur plusieurs fronts?

Bruno Le Maire and Julien Denormandie: Les choix des experts

Alors que l'échiquier politique se dessinait, experts et analystes politiques se sont prononcés sur deux personnalités expérimentées qui se sont imposées comme des successeurs potentiels : Bruno Le Maire et Julien Denormandie.

Bruno Le Maire, né le 15 avril 1969 à Neuilly-sur-Seine, a apporté au débat une riche expérience. Son parcours politique comprend des rôles tels que celui de ministre de l'Économie, des Finances et de l'Industrie. L'expérience de Le Maire en économie et en finance le positionne comme un acteur chevronné dans les subtilités de la politique économique française.

Imaginez un diplomate chevronné, maîtrisant le langage du commerce international et des stratégies économiques. Le mandat de Le Maire en tant que ministre de l'Économie impliquait des décisions critiques liées aux politiques fiscales, à la réglementation des affaires et à la position de la France dans le paysage économique mondial. Son approche pragmatique et son engagement en faveur de la stabilité économique ont fait de lui une figure d'influence au sein du gouvernement.

Julien Denormandie, né le 14 août 1980 à Caen, a apporté une expérience différente. Son expérience dans l'agriculture et le développement rural l'a marqué comme un pont entre les préoccupations urbaines et rurales. Le parcours de Denormandie a inclus des rôles de ministre de l'Agriculture et de l'Alimentation, reflétant son engagement à résoudre les problèmes liés aux communautés agricoles et au secteur agricole.

Les choix des experts, Le Maire et Denormandie, représentaient un clin d'œil à l'expérience et à l'expertise. Le sens économique de Le Maire et la compréhension de Denormandie de la dynamique rurale offraient un duo complémentaire qui pourrait potentiellement relever les défis multiformes auxquels la nation est confrontée.

Alors que le compte à rebours avant l'annonce se poursuivait, des questions persistaient dans l'air. L'expérience chevronnée de Le Maire ou la perspective nuancée de Denormandie apporteraient-elles la stabilité et la vision stratégique nécessaires au prochain chapitre de la France ? Les choix des experts ont ajouté des niveaux d'anticipation et de spéculation au drame qui se déroule autour de la sélection du prochain Premier ministre.

Chapitre 5: Au-delà des réformes : une volonté de changement

Des priorités changeantes : plein emploi et nouveaux programmes

Avec la démission du Premier ministre Élisabeth Borne et l'attente d'un nouveau gouvernement, le récit s'est étendu au-delà des réformes du passé. Un désir de changement s'est fait sentir dans les couloirs politiques, signalant un changement de priorités. Au premier plan de ce changement se trouvait l'accent mis sur le plein emploi et l'introduction de nouveaux programmes répondant aux besoins changeants de la nation.

Imaginez le paysage politique comme une toile, avec les coups de pinceau du changement créant un nouveau tableau. Le nouveau Premier ministre, qui n'a pas encore été dévoilé, devait s'éloigner des réformes controversées des années précédentes. L'accent s'est déplacé vers un désir de stabilité économique, d'harmonie sociale et d'approche globale visant le bien-être des citoyens.

Le plein emploi est devenu un point de ralliement pour ce changement. La vision ne consistait pas seulement à créer des emplois, mais à garantir que chaque personne cherchant un emploi trouve des opportunités significatives. Le défi n'était pas seulement statistique, mais profondément ancré dans le tissu des aspirations sociétales. Alors que le pays était aux prises avec des incertitudes économiques, l'appel à des politiques favorisant la création d'emplois et les opportunités de carrière a pris de l'ampleur.

Imaginez une communauté où des individus issus d'horizons, de compétences et d'aspirations divers aspiraient à la dignité et à la stabilité qu'apportait l'emploi. Le désir de changement impliquait d'élaborer des politiques qui allaient au-delà des paradigmes traditionnels, de favoriser l'innovation et de s'adapter à la nature évolutive du travail au XXIe siècle. Les nouveaux programmes étaient prêts à remodeler le paysage de l'emploi, à promouvoir l'inclusion et à relever les défis systémiques qui entravent le progrès.

Dans cette vision du changement, l'accent dépassait le domaine économique. Il résumait le contrat social plus large, reconnaissant l'interdépendance des politiques économiques avec l'éducation, les soins de santé et les services sociaux. Le désir n'était pas seulement d'avoir un emploi, mais aussi une société où les individus se sentaient soutenus, responsabilisés et partie prenante d'un voyage collectif vers un avenir meilleur.

Les défis auxquels est confronté le gouvernement Macron

Cette volonté de changement est apparue dans le contexte des défis qui ont marqué le gouvernement Macron ces dernières années. Face à un Parlement plus turbulent, l'administration a dû faire face à des obstacles pour adopter des lois après avoir perdu sa majorité absolue. L'échiquier politique est devenu complexe, exigeant des mesures stratégiques pour faire avancer les décisions politiques cruciales.

L'un des défis majeurs auxquels le gouvernement Macron a été confronté a été les conséquences des manifestations des « Gilets jaunes ». Ces protestations, nées de griefs économiques et d'un sentiment d'inégalité sociétale, ont laissé un impact durable sur le paysage politique. La réponse du gouvernement aux manifestations, sa capacité à répondre aux préoccupations des citoyens et les implications plus larges pour les politiques sociales sont devenues des points centraux d'examen.

Imaginez les conséquences d'une tempête où le paysage est modifié et où le défi réside dans la reconstruction. Le gouvernement Macron s'est retrouvé dans ce paysage métaphorique, chargé de répondre non seulement aux griefs économiques qui ont alimenté les manifestations, mais aussi aux fractures plus profondes au sein de la société. Le désir de changement reflétait un engagement à guérir ces fractures et à favoriser un sentiment d'unité.

L'utilisation des pouvoirs exécutifs pour faire adopter un relèvement contesté de l'âge de la retraite à 64 ans a été un autre défi qui s'est répercuté tout au long du mandat de Macron. Bien que considéré par certains comme une étape nécessaire à la stabilité économique, ce projet a déclenché des semaines de protestations, mettant en évidence l'équilibre délicat entre la gouvernance et l'opinion publique. Naviguer dans des questions aussi controversées exigeait un sens politique et une compréhension nuancée du pouls de la nation.

Face à ces défis, le gouvernement Macron a cherché à mettre en œuvre des réformes économiques, notamment celles liées aux retraites et à l'immigration. Cependant, les controverses inhérentes et les réactions du public ont souligné la nécessité d'un recalibrage des priorités. Le désir de changement est apparu en réponse aux leçons tirées de la gestion de ces défis, reconnaissant la nécessité d'une approche plus inclusive et consensuelle de la gouvernance.

Alors que le compte à rebours pour un nouveau gouvernement se poursuivait, les défis auxquels l'administration Macron était confrontée sont devenus partie intégrante du discours qui façonne le désir de changement. Les nouveaux dirigeants seraient chargés non seulement de répondre aux préoccupations immédiates, mais également de redéfinir l'approche de la gouvernance, de tirer les leçons des expériences passées et de construire une vision en résonance avec les aspirations d'une nation diversifiée et dynamique.

Chapitre 6: L'héritage des réformes des retraites

Pouvoirs exécutifs et décisions contestées

L'héritage des réformes des retraites en France constitue un chapitre de l'histoire récente du pays marqué par l'utilisation des pouvoirs exécutifs et des décisions qui ont suscité d'importantes controverses. Cette période, sous la direction du président Emmanuel Macron, s'est déroulée dans un contexte de défis économiques et de quête plus large de changements structurels dans le système de retraite.

Imaginez un moment où les couloirs du pouvoir font écho aux discussions sur la durabilité économique et à l'équilibre complexe requis pour assurer le bien-être financier de la nation. Dans ce contexte, les pouvoirs exécutifs sont devenus un outil de prise de décision, un moyen permettant au gouvernement de mettre en œuvre des changements jugés cruciaux pour la stabilité économique du pays.

La décision qui a défini ce chapitre a été le relèvement contesté de l'âge de la retraite à 64 ans. Cette décision, considérée par certains comme une mesure pragmatique visant à remédier aux tensions économiques sur le système de retraite, a déclenché des débats et des dissensions publiques. Le recours aux pouvoirs exécutifs a permis au gouvernement de contourner le processus législatif traditionnel, témoignant ainsi d'une détermination à mettre en œuvre rapidement les réformes.

L'héritage des réformes des retraites est étroitement lié au récit plus large du programme économique de Macron. Le président, animé par une vision de libéralisation économique et de durabilité, a considéré la réforme des retraites comme une étape nécessaire. Cependant, le recours aux pouvoirs exécutifs pour mettre en œuvre un changement aussi important a soulevé des questions sur les processus démocratiques et la représentation publique.

Considérez la dynamique de la prise de décision dans une démocratie. Le recours aux pouvoirs exécutifs peut être une arme à double tranchant, offrant une certaine agilité dans la mise en œuvre des politiques, mais soulevant également des inquiétudes quant aux freins et contrepoids. Dans le cas de la réforme des retraites, la décision exécutive a ouvert la voie à une période de contestations et de protestations publiques.

Semaines de manifestations : impact sur l'administration Macron

L'héritage des réformes des retraites est indissociable des semaines de protestations qui ont suivi. Imaginez une nation où les rues résonnaient des voix des citoyens, exprimant leurs inquiétudes et leurs frustrations. Le mouvement des « Gilets jaunes », né de revendications économiques et d'un sentiment d'inégalité, a retrouvé une vigueur renouvelée en réponse aux réformes des retraites.

L'impact des manifestations s'est étendu au-delà du changement politique immédiat. Cela est devenu le reflet du mécontentement sociétal, une expression collective de frustration face aux disparités économiques perçues et à l'approche du gouvernement pour résoudre ces problèmes. L'administration Macron s'est retrouvée sur un terrain complexe où l'opinion publique est devenue une force avec laquelle il faut compter.

Les manifestations ont souligné l'importance de l'engagement du public dans les processus démocratiques. Dans une société qui valorise les principes de liberté, d'égalité et de fraternité, la voix des citoyens a du poids. L'héritage des manifestations ne réside pas seulement dans leur impact immédiat, mais aussi dans les leçons qu'elles ont transmises sur la relation complexe entre la gouvernance et la volonté du peuple.

Des semaines de manifestations ont mis en évidence la résilience de la société civile et le pouvoir de l'action collective. C'est devenu une période de comptes à rendre pour l'administration Macron, incitant à une réévaluation des politiques et à une reconnaissance de la nécessité d'une approche plus inclusive de la prise de décision. L'héritage des manifestations a souligné l'équilibre délicat entre la poursuite des réformes nécessaires et la garantie que ces changements correspondent aux valeurs et aux aspirations de la nation.

Le visuel des manifestants occupant les espaces publics, engageant un dialogue et exigeant un réexamen des politiques est devenu emblématique de ce chapitre. Cela nous rappelle que la force d'une démocratie ne réside pas seulement dans les couloirs du pouvoir, mais aussi dans la voix collective de ses citoyens. L'administration Macron, confrontée aux échos du mécontentement, a dû relever le défi de recalibrer son approche tout en respectant les principes de gouvernance démocratique.

Au lendemain de semaines de protestations, l'héritage des réformes des retraites s'est mêlé à un discours plus large sur le rôle de la participation du public dans l'élaboration des résultats politiques. Le pouls sociétal, reflété à travers les manifestations, a incité l'administration à une période de réflexion. C'était une reconnaissance du fait que les politiques, même lorsqu'elles étaient motivées par des impératifs économiques, devaient s'aligner sur le contrat social plus large qui définit la relation entre le gouvernement et les gouvernés.

Au fur et à mesure que l'héritage des réformes des retraites s'est déroulé, il est devenu un chapitre du dialogue en cours sur la dynamique de la gouvernance, la responsabilité démocratique et la danse complexe entre les aspirations d'une nation et les décisions prises dans les couloirs du pouvoir. Les échos des manifestations ont persisté, laissant une marque indélébile sur le paysage politique et façonnant les contours des discussions politiques futures.

Chapitre 7: La course à la présidentielle s'intensifie

Les successeurs potentiels de Macron en 2027

À mesure que le paysage politique français évolue, l'attention se porte désormais sur la course présidentielle imminente de 2027, un événement qui promet d'être un tournant crucial pour façonner l'avenir de la nation. Les successeurs potentiels du président Emmanuel Macron sont au centre de l'attention, et le trio composé d'Edouard Philippe, Bruno Le Maire et Gérald Darmanin apparaît comme des figures clés dans la course qui s'intensifie pour l'Élysée.

Edouard Philippe: Le navigateur expérimenté

Edouard Philippe, nom familier à ceux qui ont suivi le premier mandat de Macron, s'impose comme une personnalité politique aguerrie et riche d'une expérience. Né le 28 novembre 1970 à Rouen, en France, le parcours politique de Philippe comprend le poste de Premier ministre pendant les premières années de la présidence de Macron.

Imaginez un navigateur politique avec une main ferme à la barre, guidant le navire de l'État à travers les complexités de la gouvernance. Le mandat de Philippe en tant que Premier ministre de 2017 à 2020 a été marqué par ses efforts pour mettre en œuvre des réformes économiques, relever les défis sociétaux et maintenir la stabilité face aux vents politiques contraires.

Son parcours en tant que membre du parti Les Républicains ajoute une dimension intéressante à la course. La trajectoire politique de Philippe comprend les postes de maire du Havre et de député à l'Assemblée nationale. Son approche centriste, alignée sur En Marche ! mouvement, l'a positionné comme un pont entre les idéologies politiques traditionnelles.

La question se pose : Philippe peut-il mettre à profit son expérience, à la fois en tant que Premier ministre et en matière de gouvernance locale, pour trouver un écho auprès d'un électorat diversifié ? Sa compréhension nuancée de la dynamique politique et son engagement en faveur d'une gouvernance pragmatique font de lui un formidable candidat dans la course présidentielle qui s'intensifie.

Bruno Le Maire: L'architecte économique

Dans le drame que se déroule la course à la présidentielle, Bruno Le Maire apparaît comme un acteur clé, particulièrement réputé pour son expertise en matière économique. Né le 15 avril 1969 à Neuilly-sur-Seine, en France, le parcours politique de Le Maire a été étroitement lié à la politique économique, un aspect essentiel du programme de Macron.

Imaginez un architecte économique élaborant méticuleusement des politiques pour naviguer dans les complexités du paysage économique français. Le rôle de Le Maire en tant que ministre de l'Économie, des Finances et de l'Industrie souligne son influence dans l'élaboration des politiques budgétaires du pays. Son approche pragmatique et son engagement en faveur de la stabilité économique font de lui une figure centrale de la course.

Le parcours politique de Le Maire reflète également son engagement dans les relations économiques internationales. De la négociation d'accords commerciaux à la résolution de problèmes financiers mondiaux, il apporte une riche expérience. La course à la présidentielle de 2027 devient pour lui l'occasion de présenter sa vision de l'avenir économique de la France et de son rôle sur la scène mondiale.

La question se pose : Le Maire peut-il traduire ses prouesses économiques en un attrait politique plus large ? À mesure que la course s'intensifie, sa capacité à articuler une vision globale qui s'étend au-delà des politiques économiques sera un facteur décisif pour gagner le cœur et l'esprit des électeurs.

Gerald Darmanin: La sentinelle de sécurité

Dans le paysage des successeurs potentiels de Macron, Gérald Darmanin s'impose comme une figure synonyme de sécurité et de maintien de l'ordre. Né le 11 octobre 1982 à Valenciennes, en France, la trajectoire politique de Darmanin comprend des postes de ministre de l'Intérieur, poste central pour assurer la sécurité de la nation.

Imaginez une sentinelle gardant les portes, concentrée sur les questions de sécurité publique, de loi et d'ordre. Le mandat de Darmanin en tant que ministre de l'Intérieur, supervisant les questions liées à la sécurité intérieure et aux forces de police, le positionne comme un candidat mettant fortement l'accent sur la sauvegarde de la nation.

Son engagement dans la résolution de problèmes tels que le terrorisme, le crime organisé et la sécurité publique reflète son engagement à maintenir l'harmonie sociétale. Dans la course à la présidentielle, Darmanin mettra probablement en avant son rôle dans la résolution des défis liés à la sécurité nationale, à l'immigration et à l'équilibre délicat entre libertés individuelles et sécurité collective.

La question se pose : Darmanin peut-il tirer parti de son expérience dans le domaine de la sécurité pour construire un récit qui trouve un écho auprès d'un électorat diversifié ? Dans un monde où les questions de sûreté et de sécurité sont primordiales, sa candidature introduit une perspective unique à la course qui s'intensifie.

La dynamique qui s'intensifie

Alors que le trio Edouard Philippe, Bruno Le Maire et Gérald Darmanin se positionne dans la course présidentielle qui s'intensifie, la dynamique est appelée à évoluer. Chaque candidat apporte un ensemble distinct d'expériences, de perspectives et de priorités, créant ainsi une riche mosaïque de choix pour l'électorat.

La course devient un forum non seulement pour les aspirations individuelles, mais aussi pour un concours d'idées, de visions et de styles de leadership. La manière dont chaque candidat parvient à trouver l'équilibre délicat entre la résolution des défis nationaux, de la relance économique à l'harmonie sociétale, façonnera le récit de la course à la présidentielle d'ici 2027.

Dans ce drame politique en évolution, les projecteurs sur les successeurs potentiels s'intensifient et le choix auquel l'électorat français est confronté devient un moment charnière pour déterminer l'orientation de la nation. Alors que le trio Edouard

Philippe, Bruno Le Maire et Gérald Darmanin entre sous le feu des projecteurs, le décor est planté pour une course à la présidence passionnante et étroitement surveillée.

Conclusion

Dévoilement du prochain chapitre : l'évolution politique de la France

Alors que les pages de l'histoire politique se tournent, la France se trouve au seuil d'un nouveau chapitre, d'une période capitale qui promet de façonner le destin de la nation. La démission du Premier ministre Élisabeth Borne, l'attente d'un nouveau gouvernement et l'intensification de la dynamique de la course à la présidentielle en 2027 marquent collectivement le dévoilement de l'évolution politique de la France.

Imaginez une toile où les coups de pinceau du changement dressent le portrait d'une nation en mutation. Le paysage politique, façonné par la danse complexe des dirigeants, des politiques et des aspirations sociétales, est sur le point de se transformer. La démission d'Élisabeth Borne devient un moment charnière, un catalyseur qui propulse la France en territoire inconnu.

Dans ce récit qui se déroule, l'héritage des réformes des retraites et les échos du mécontentement sociétal ouvrent la voie à un recalibrage des priorités. Le désir de changement résonne dans les couloirs du pouvoir, un appel collectif à une nouvelle direction qui correspond aux aspirations d'une nation diversifiée et dynamique.

Le compte à rebours avant les élections au Parlement européen ajoute une couche de complexité, avec la montée de l'euroscepticisme et le mécontentement de l'opinion publique concernant le coût de la vie et les défis migratoires. Les élections à venir deviennent un test décisif, le reflet de l'état d'esprit de la nation et une plateforme permettant aux citoyens d'exprimer leurs préoccupations et leurs aspirations.

Les successeurs potentiels d'Élisabeth Borne, du jeune prétendant Gabriel Attal aux figures aguerries de Bruno Le Maire et Julien Denormandie, représentent les divers visages du leadership français. La course à la présidentielle s'intensifie avec des personnalités comme Edouard Philippe, Bruno Le Maire et Gérald Darmanin sous le feu des projecteurs. Chaque candidat apporte une perspective unique, ajoutant des nuances au récit politique en évolution.

Le chemin à parcourir pour Macron et ses successeurs

Alors que la nation se prépare au changement, le chemin à parcourir présente à la fois des défis et des opportunités pour le président Emmanuel Macron et ses successeurs potentiels. Macron, reconnaissant le service exemplaire d'Élisabeth Borne, s'apprête à dévoiler un nouveau gouvernement, une démarche stratégique pour insuffler une nouvelle vie à sa présidence.

Les défis auxquels le gouvernement Macron est confronté, qu'il s'agisse de gérer un Parlement turbulent ou de faire face aux protestations publiques, soulignent les complexités de la gouvernance. L'utilisation des pouvoirs exécutifs, en particulier pour mettre en œuvre des décisions contestées comme le relèvement de l'âge de la retraite, laisse un héritage durable et suscite une réflexion sur l'équilibre délicat entre l'autorité et l'opinion publique.

Pour Macron et son gouvernement, le chemin à parcourir nécessite un changement de cap politique. Le désir de changement exprimé par la démission de Borne devient une opportunité pour redéfinir les priorités, aller au-delà des réformes des retraites et de l'immigration et se concentrer sur de nouveaux agendas. Le plein emploi apparaît comme un point de ralliement, reflétant la volonté de répondre aux incertitudes économiques auxquelles sont confrontés les citoyens.

Les prochaines élections au Parlement européen constituent un moment critique où le paysage politique sera remodelé. Les gains potentiels des eurosceptiques, les défis posés par la hausse du coût de la vie et la complexité des flux migratoires jettent une ombre sur l'horizon politique. Le parti de Macron fait face à un adversaire redoutable en la personne de la leader d'extrême droite Marine Le Pen, ce qui ajoute un sentiment d'urgence à la nécessité d'un recalibrage politique.

Alors que Macron et son gouvernement se tournent vers un nouveau chapitre, le remaniement de la direction devient une démarche stratégique pour positionner l'administration en vue des réformes futures. La course à la succession de Macron aux élections présidentielles de 2027 s'intensifie, avec des personnalités comme Gabriel Attal, Sébastien Lecornu, Bruno Le Maire et d'autres se disputant l'opportunité de conduire la France vers la prochaine ère.

La conclusion d'un chapitre marque le début d'un autre, et l'évolution du paysage politique devient une toile de fond permettant aux dirigeants d'élaborer une vision qui résonne avec la diversité de la société française. Les successeurs potentiels de Macron, chacun apportant un ensemble unique d'expériences et de perspectives, entrent en scène en tant que prétendants à la plus haute fonction du pays.

En ce moment de transition, l'héritage d'Élisabeth Borne devient un chapitre du récit plus large du parcours politique de la France. Le désir de changement, les défis rencontrés et l'anticipation d'un nouveau chapitre façonnent collectivement la trajectoire de la nation. À mesure que le chemin à parcourir se déroule, la résilience de la démocratie française, ancrée dans les principes de liberté, d'égalité et de fraternité, guidera la nation à travers les complexités de l'évolution politique.